Plaidoyer pour la fraternité

ABDENNOUR BIDAR

Plaidoyer pour la fraternité

Albin Michel

À mes trois fils,
Amin, Ridwan, Adam

« Une évasive fraternité continue d'orner nos frontons mais (...) dans la sainte devise de nos pères, la petite dernière est devenue orpheline. »

Régis Debray, *Le moment fraternité*

Frères et sœurs humains de tous bords et de toutes origines,

Je vous écris cette longue lettre, ce Plaidoyer, pour vous parler de l'urgence d'œuvrer tous ensemble maintenant à quelque chose de très simple, de très beau et de très difficile à la fois : la fraternité. La fraternité tout court, et pas seulement la fraternité de tel sang ou de telle religion.

Pourquoi la fraternité ? Elle est ce qui manque le plus à notre vivre-ensemble, et ce dont l'absence – ou la rareté – nous fait le plus souffrir.

Comment faire, tous ensemble, pour que cet idéal devienne maintenant une véritable direction, un projet de société concret, un projet de civilisation vers lequel nous ferons converger d'abord nos cœurs, et à partir d'eux nos éducations, nos institutions, nos engagements, nos métiers et toutes nos forces vives ? Telle est, me semble-t-il, la responsabilité collective qui nous attend. Voilà ce qui va orienter chacune de nos existences vers un but qui rende cette vie digne d'être vécue. Un but commun qui insufflera à nos vies la dimension spirituelle qui lui manque si souvent. Un but partagé par tous et qui réunirait, comme au temps de la Résistance chantée par Aragon, ceux qui croient au ciel, à tel ou tel ciel, et ceux qui n'y croient pas.

Je veux donc vous lancer – nous lancer à tous – un défi : spiritualisons nos vies par l'entrée en fraternité universelle !

D'emblée je veux prévenir les cyniques qui se moquent d'une telle idée de fraternité universelle : si on ne la trouve pas en soi, ce n'est pas qu'elle n'existe pas en l'homme, c'est qu'on ne l'a pas cultivée et qu'on l'a laissée crever dans son âme comme la plante qu'on n'arrose pas se dessèche. Or ce cynisme s'affiche souvent aujourd'hui de façon totalement décomplexée, et nous empoisonne du préjugé – érigé en vérité première – que « l'homme est un loup pour l'homme ». Sortons enfin du temps médiocre de ce pseudo-réalisme, qui repose seulement sur l'atrophie d'une capacité d'aimer – d'aimer au-delà de nos proches – que nos éducations ont trop négligée.

D'emblée, je veux dire que nous devons en finir également avec le temps des idéalismes froids, des grands principes théoriques. Et pour cela, nous avons absolument besoin de la fraternité. Car sans la chaleur humaine de la fraternité, alors la liberté, l'égalité, la laïcité, la citoyenneté, etc., resteront à jamais des valeurs froides et nous continuerons d'errer à demi congelés de solitude, sur l'immense banquise de la vie sociale. Commençons donc par faire l'inventaire long comme le bras de tout ce qui dans notre société glacée laisse la fraternité au niveau des utopies, voire des publicités mensongères.

Que nous est-il arrivé ?

J'ai commencé à écrire ce Plaidoyer le lundi 12 janvier 2015. Dans un état de très grande émotion intérieure. En essayant de commencer à réfléchir un peu à ce qui venait de nous arriver. De terribles attentats venaient de blesser la France au plus profond d'elle-même et, comme vous sans doute, j'ai été d'abord sidéré, bouleversé, meurtri, et choqué pendant plusieurs jours. Puis, immédiatement après ces assassinats, sans véritable élaboration d'une réaction mûrement concertée, il y a eu ce formidable élan de mobilisation du dimanche 11 janvier. Des marches historiques partout en France, des foules – non, pas des foules mais nous tous ensemble, chacun de tout cœur parmi les autres ! Unis, et jamais aussi nombreux dehors depuis la Libération.

Dignes, recueillis. Peu de slogans, quelques *Marseillaise.* Silencieusement et farouchement unis par le même attachement à nos valeurs, un attachement qui soudain venait de se réveiller ou de se révéler dans chacune de nos poitrines et de nos pensées. Sur le pavé battu de toutes nos révolutions ! Sur le pavé de toutes nos plus grandes colères de peuple attaché à l'absolu de sa liberté ! On a su alors que l'effet produit par l'onde de choc des attentats serait le contraire de celui que les terroristes recherchaient : au lieu de nous terroriser, ils nous avaient donné du courage ; au lieu de nous diviser, ils nous rassemblaient ! Ils nous rassemblaient de façon instinctive contre le fanatisme en nous faisant prendre conscience qu'il fallait maintenant changer d'ère : passer du « choc des civilisations » à la fraternité des cultures, du choc des indifférences à la fraternité des cœurs. Ce fut un très beau moment, un très grand moment. Cela faisait longtemps, trop longtemps, que nous n'avions plus goûté cette saveur de notre unité !

De façon tout aussi spontanée, le monde entier s'est associé à la France dans ce grand moment d'élan collectif. Comme ce fut plus d'une fois le cas jadis – mais peut-être avions-nous oublié que nous en étions encore capables ? –, nous avons montré, nous Français qui nous divisons si facilement quand tout va bien, que nous pouvions nous rassembler quand tout va mal, et rassembler par-delà les frontières toutes les femmes et tous les hommes libres autour de nous, et de nos idéaux.

Durant ces heures de puissante communion, nous avons pris conscience d'une chose essentielle. Nous avons compris que le combat entre ceux qui respectent la vie et ceux qui ne la respectent pas peut tourner, si nous le voulons assez fort, à l'avantage des premiers. Les fanatiques prêts à mourir, prêts à tuer, n'ont absolument aucun respect de la vie et ils croient que ça les rend plus forts. Mais en réalité, la victoire est toujours du côté de la vie, de ceux qui la respectent, de tous ceux qui l'aiment comme un bien sacré – en eux-mêmes et en autrui. Ces égarés ont abattu nos frères et nos sœurs journalistes, juifs, policiers, et ils voulaient que nous en sortions tous abattus. C'est le contraire qui s'est produit. Le choc a produit un sursaut de conscience.

Mais attention, nous n'avons à ce jour aucune garantie que l'événement nous fasse basculer durablement dans le bon sens d'un ressaisissement et d'un rassemblement collectif. À terme, il pourrait tout aussi bien nous précipiter dans des divisions et discordes encore plus graves pour notre corps social. Que la solidarité nationale manifestée en masse le 11 janvier ne nous persuade donc pas d'un optimisme qui serait excessif ! Prenons garde à ce qu'elle n'ait pas été un état de grâce aussi miraculeux que sans lendemain ! Ne retombons pas purement et simplement dans le cours ordinaire de la vie, et dans nos habituelles divisions politiques ou sociales… Déjà à l'extrême droite et partout où l'on a intérêt à ce que « ça pète », les opérations de déstabilisation de notre société se préparent.

Si nous voulons que l'instant historique se prolonge en nouvelle ère, le sursaut de conscience doit se continuer d'abord en *examen de conscience* : comment en est-on arrivé là ? Comment des jeunes nés et grandis en France ont-ils pu basculer dans cette barbarie ? Il ne s'agit pas de dire que nous sommes coupables, il s'agit de comprendre que cela nous convoque devant notre propre responsabilité collective. Manifestement quelque chose ne fonctionne plus dans notre société. Mais quoi ? Et pourquoi ? Voilà ce qui doit être l'objet de notre examen de conscience. Celui-ci nous dira sans surprise que c'est du côté de notre « vivre-ensemble » que se trouve le malaise, et nous allons donc devoir convertir en *action* ce moment de communion nationale du dimanche 11 janvier – le transformer en mobilisation durable et tenace, en régénération profonde de tout notre vivre-ensemble, en réconciliation de la totalité des « communautés » de notre société. Si nous y parvenons, en ouvrant entre nous tous le temps de la fraternité, alors cette horreur sortira de sa pure absurdité apparente pour devenir l'électrochoc qui nous aura fait grandir et nous retrouver !

Lutter pour, et pas seulement contre

Nous avons réagi tous ensemble *contre* les tueurs, et *contre* leur monstrueux fanatisme. C'est heureux, et c'est presque miraculeux en un temps où la morosité, nous disait-on, s'était emparée de notre pays, où certains prophètes de malheur évoquaient même un « suicide français ». Mais si chacun de nous sait parfaitement *pourquoi* il est descendu dans la rue, il va falloir maintenant nous demander ensemble *pour quoi*, en deux mots, nous avons réagi ainsi. Nous ne pouvons nous contenter de répondre que nous avons manifesté « pour la liberté d'expression », ce serait un peu court. D'abord parce qu'il n'y avait pas que des journalistes et caricaturistes parmi les victimes, il y avait aussi des juifs et des policiers. Et puis la liberté ne se définit pas seulement par les limites qu'elle se donne le droit de transgresser, elle est une valeur vide si elle ne vise pas un *pour*. Comme le dit le Zarathoustra de Nietzsche, il ne suffit pas de se demander *de quoi* nous voulons nous libérer, mais *pour quoi* nous voulons être libres. Pour construire quelle société ? Pour quel progrès d'humanité ?

Il nous incombe donc de réapprendre à lutter *pour* et pas seulement à lutter *contre*. Nous ne savons plus le faire. Nous avons des politiques de lutte contre le racisme et l'antisémitisme, contre les discriminations, contre les inégalités, etc. Mais pourquoi toujours ainsi formuler les choses négativement ? Pourquoi choisir de dire le mal au lieu de dire le bien ? Pourquoi nourrir le soupçon de la méchanceté humaine au lieu d'encourager ce qui est bon en l'homme ? Pourquoi se focaliser sur ce qu'il ne faut pas faire au lieu de promouvoir directement la fraternité ? On ne pourra jamais empêcher durablement les hommes de se battre, de se haïr, de s'ignorer, ou de recommencer à le faire dès que ça va mal, si on ne leur a pas appris *d'abord* à se rapprocher, à se soucier les uns des uns des autres, à s'estimer mutuellement.

Oui, nous devons assurer notre sécurité et lutter par les armes contre le terrorisme. Mais nous devons aussi et surtout lutter *pour* notre fraternité par tous les outils de la culture, du dialogue, d'une mixité sociale retrouvée à la place de nos ghettos de pauvres et de riches. Il n'y a là aucun angélisme, mais au contraire un réalisme bien compris. Nous savons tous, l'histoire l'a amplement démontré, que le célèbre adage romain *Si vis pacem para bellum,* « Si tu veux la paix, prépare la guerre », qui s'est toujours présenté comme une évidence de bon sens, n'est réaliste qu'à court terme. En définitive, il mène toujours à l'échec s'il n'est pas accompagné d'une réflexion en profondeur sur les causes de la guerre. C'est pourquoi, sans le remettre en question – oui, les mesures sécuritaires sont indispensables, c'est un devoir de l'État de droit –, je lui adjoindrais un autre adage : « Si tu veux la paix, prépare la paix. » Mais qu'est-ce que préparer la paix ? La concorde sociale ici en France, et l'harmonie entre les civilisations du monde. Je vous écris pour que nous y réfléchissions le plus intensément possible, le plus collectivement possible et que nous agissions ensemble. Que faire ?

Pour le savoir, posons-nous d'abord une question simple : *que nous est-il arrivé ?* Cherchons-en les causes – les causes profondes, au-delà de celles qui sont l'affaire des enquêteurs – et voyons ce que nous pouvons faire ensemble pour que la prise de conscience se transforme en projet de société et de civilisation. Je formule à la fin de ce texte dix propositions d'action collective. Pour que la fraternité n'ait pas seulement été vécue dans la grâce d'un jour de communion nationale et internationale mais pour qu'elle devienne le bien commun durable de notre vivre-ensemble. Pour que notre vie collective se réorganise enfin à partir de ce que Pierre Rabhi nomme « une insurrection des consciences ».

Ces épisodes terroristes, et leur menace dont la réalité vient de nous frapper, doivent nous faire comprendre que nous en sommes maintenant à un moment charnière de l'histoire de la France et de l'Occident. Ce moment doit être celui de la sortie du XXe siècle. Celui-ci fut en effet le temps de la lutte pour tout un ensemble de droits politiques et sociaux qui n'ont pas empêché malgré tout nos sociétés de devenir toujours plus dures et individualistes, toujours dominées par les plus forts au détriment des plus faibles. Ce siècle fut celui de la *déliaison du monde* : délitement de la famille, déracinements, et jusqu'à aujourd'hui fractures sociales et culturelles toujours plus béantes. Les attentats d'aujourd'hui sont un paroxysme insupportable de ce XXe siècle qui dure. Car ces terroristes ont grandi dans notre société ! Ils font partie de *nos* enfants, des enfants trop perdus pour adhérer encore à notre système de valeurs. Et quand dans nos écoles, dans notre population, des jeunes et moins jeunes disent : « Je ne suis pas Charlie », il ne s'agit pas de s'en épouvanter comme nos grand-mères devant le diable, ni de hurler à l'intolérable. Il s'agit de se demander pourquoi toute une partie de notre société en est arrivée là pour travailler d'urgence à agir sur ces causes.

Tout cela doit nous ouvrir les yeux sur nous-mêmes, parce que cela nous met – sans échappatoire possible – face à notre responsabilité collective. Nous sommes allés trop loin dans la déliaison, nous avons laissé pendant trop longtemps s'aggraver nos fractures internes. Voilà pourquoi nous devons impérativement nous saisir de ces événements tragiques comme levier : dès lors que la barbarie peut surgir de notre propre société, même si ces fanatiques étaient aussi sous influence extérieure, il faut réagir ! Il faut lutter pour relier tout ce qui a été trop délié, réconcilier tout ce qui a divorcé, rassembler ce qu'on a abandonné trop longtemps au culte inconsidéré de la « différence culturelle » ! Si nous ne le faisons pas sérieusement, nous aurons toujours des « Je ne suis pas Charlie ! » qui ressortiront à chaque crise comme autant d'exutoires de tous les sentiments d'abandon et de mal-être.

Nous avons tous besoin d'intégration !

Avant d'aller plus loin, je veux dire ici ma gratitude envers la France.

Avec mon prénom « Abdennour », j'ai eu mon compte de préjugés… mais aussi de bonnes surprises – la rencontre de gens sans préventions, sincèrement curieux de ce prénom si exotique. J'ai grandi de façon très modeste dans les quartiers nord de Clermont-Ferrand, loin du centre-ville et de ses lycées qui me paraissaient inaccessibles. Et pourtant j'ai rencontré infiniment plus de Français tolérants et humanistes que de racistes. Grâce à mon éducation familiale et à mes professeurs qui m'ont donné le même sens de l'effort et du mérite, j'ai pu me hisser de mon humble collège en zone difficile jusqu'à l'agrégation et au doctorat de philosophie. Me suis-je plus battu qu'un autre ? Non. Je me suis acharné au travail comme tant d'autres élèves et étudiants de toutes origines, et j'ai lutté avec les armes que la France m'a données, à commencer par celles de l'École laïque et républicaine. Mon parcours est-il l'exception qui confirmerait la règle d'une École seulement capable de perpétuer les inégalités sociales ? Serait-il impossible aujourd'hui ? Non, il n'a rien de miraculeux, et si l'ascenseur social est objectivement plus difficile à prendre aujourd'hui pour beaucoup de « jeunes des cités », il n'y a aucune raison pour que ces difficultés soient insurmontables.

Finissons-en avec le dénigrement de notre pays ! Affrontons le problème de l'inégalité devant l'École avec beaucoup plus de résolution qu'avant mais soyons capables aussi de reconnaître les mérites de cette École qui se bat souvent seule dans les quartiers les plus difficiles. Certes, dans notre pays, le fait de grandir dans une famille où l'on ne parle pas bien le français, la pauvreté sont des handicaps énormes dont notre École doit faire une priorité absolue avec la transmission aux enfants des valeurs de la République. Car sans égalité réelle, la promesse républicaine reste théorique et hypocrite ! Mais ayons conscience de l'engagement admirable de nombre de nos enseignants au service de la réussite de tous leurs élèves et de ces valeurs : combien d'entre ceux qui les critiquent sans arrêt voudraient et pourraient être à leur place chaque jour devant une classe ?

Il faut dire aussi que les musulmans de France jouissent ici d'une égalité de droits réelle et, bien qu'ils souffrent encore de discriminations, celles-ci sont loin d'être généralisées. Il y a en France des milliers d'enfants de l'immigration, récente ou ancienne, qui sont diplômés, professeurs, patrons de PME, artisans, avocats, médecins, artistes, bref qui ont réussi leur vie professionnelle grâce au système français et grâce à leur propre choix de l'effort, du travail, de la persévérance obstinée face aux obstacles, du courage face aux préjugés, au lieu de la pleurnicherie victimaire ! Et ils viennent tous de pays où ils ne voudraient pas retourner vivre, parce qu'il y règne d'épouvantables inégalités sociales sans aucune commune mesure avec les nôtres. Nos musulmans n'ont rien à gagner, par conséquent, à s'enfermer dans la culture du ressentiment.

Si j'avais grandi dans tel ou tel des pays musulmans de la planète, combien m'auraient offert ce niveau de chance sociale ? Combien m'auraient offert de me former à une philosophie libre, libre de pensée, libre de critique vis-à-vis de la religion ? Grâce à la laïcité « à la française » trop souvent décriée aujourd'hui, j'ai pu cultiver librement mon rapport à l'islam. Si je suis par mon prénom Abdennour un « serviteur de la Lumière », je suis aussi devenu par la culture que la France m'a offerte un héritier des Lumières – et les deux ne sont pas incompatibles, bien au contraire. On peut être croyant et laïque. Islam et laïcité peuvent se conjuguer pour produire ensemble des consciences à la fois libres et spirituelles. Pour cela, j'ose faire à mon pays, haut et fort, cette déclaration d'amour et de gratitude : *Merci ma chère France, et que je sois toujours parmi tes fils reconnaissants !*

La France est ce pays qui m'a permis – et encore une fois je ne suis pas une exception – de devenir moi-même grâce à son génie laïque qui offre à tous, croyants et non-croyants, les mêmes droits. Nous avons tous besoin à présent de nous retrouver autour d'une laïcité qui rassemble, pour rompre enfin avec la discorde installée depuis des années par tous ceux qui ont tenté d'en faire une arme de division, d'exclusion, de stigmatisation ! Ces discours pervers viennent de deux extrêmes : d'une part, les mouvements identitaires qui ont cherché à se servir de la laïcité comme arme de destruction massive contre la diversité et, d'autre part, les radicaux de l'islam qui ont voulu persuader tous les musulmans que la laïcité leur voulait du mal !

Mais la laïcité « à la française », malgré tous ses mérites, toute sa nécessité, reste inopérante si nous n'arrivons pas à lui associer la fraternité : la laïcité comme *moyen* de vivre ensemble, la fraternité comme *amitié* entre nous tous dans le vivre-ensemble.

De l'autodéfense à l'autocritique

On a beaucoup dit que les événements tragiques de ce début d'année devaient nous « ouvrir les yeux » sur les problèmes de notre pays. Les yeux de nos politiques se sont-ils ouverts ? On me dit que nous avons entendu « de grands discours républicains ». Soit. Mais lequel de nos hommes politiques de droite et de gauche a osé la fraternité ? Non pas comme ça, en passant, au milieu d'une litanie de valeurs, mais en la plaçant au cœur de ce qu'il faut restaurer ici et maintenant ? Y en a-t-il un qui a dit que le temps de la fraternité était venu ? Non, aucun. Une fois de plus, mais là c'était une fois de trop. Car pour la fraternité, c'est maintenant ou ce ne sera peut-être jamais.

Alors oui souhaitons qu'enfin nos yeux s'ouvrent… Oui, à condition de ne pas insinuer par là – comme le font certains – que « nous nous rendons compte enfin » que l'islam est incompatible avec la République ! Croire qu'islam et République sont incompatibles est le piège où veut nous faire tomber l'extrême droite. Pour ma part, j'ai beaucoup insisté sur le fait que le sursaut de conscience devait se produire aussi bien du côté de la France et de l'Occident que du côté de l'islam de France, et de l'islam du monde. Les deux sursauts m'ont toujours semblé inséparables, parce que je vois à quel point ces deux univers sont en crise. Le sursaut de l'un ne réussira pas sans celui de l'autre.

D'abord parce que l'islam a également été attaqué et bafoué par les terroristes. Le meilleur symbole en est qu'après le massacre de *Charlie Hebdo*, le policier qui a été abattu lâchement par l'un des tueurs en fuite était un citoyen français prénommé Ahmed – l'un des noms du Prophète Mohammed. Comme si ces fous avaient aussi voulu assassiner le Prophète dont pourtant ils hurlaient le nom ! Quelle infamie ! Face à cette barbarie qui les frappe en même temps, *dans la même chair assassinée*, la destinée de la France et celle de l'islam viennent d'être scellées de façon irrévocable. C'est pourquoi de ce deuil partagé la conscience de la France et la conscience de l'islam sont appelées maintenant à renaître ensemble – à partir d'ici, à partir de la France, à partir du *pays de la fraternité*.

Tel était le sens de ma *Lettre ouverte au monde musulman* – très lue sur le site de *Marianne* et à laquelle je prépare la publication d'une suite. J'y posais une question : pourquoi aujourd'hui le monstre terroriste – cette hydre aux multiples têtes qui s'appellent Al-Qaida, AQMI, Boko Haram, ou encore État islamique auquel certains préfèrent donner un nom qui sonne comme un démon mythologique, Daech –, pourquoi ce Léviathan maléfique a-t-il volé le visage de l'islam ? Certes, il l'a défiguré mais pourquoi s'est-il emparé de ce visage et pas d'un autre ? T'es-tu posé cette question, toi l'islam dans lequel je suis né et qui a pourtant tellement de trésors d'humanité et de sagesse en réserve ? C'est que tu dois être bien en crise, bien en souffrance, bien malade, pour que la bête immonde sorte cette fois-ci de tes propres intestins ! Un corps sain n'engendre pas la pourriture. Voilà pourquoi tu dois aujourd'hui lutter de toutes tes forces, te dresser tout entier contre le mal qui te ronge. C'est un cancer qui a déjà métastasé et qui menace de t'anéantir. Et d'un cancer le malade ne dit pas : « Ce n'est pas mon cancer. » Ne t'enferme donc pas dans le déni, la victimisation, la facilité de répéter comme une incantation frisant la formule d'exorcisme : « Le terrorisme n'a rien à voir avec l'islam. » Bien sûr qu'il faut *commencer* par condamner cette abjection, mais bien que tu le fasses haut et fort, ici et ailleurs, cela ne suffira pas !

Je partage ta réaction, ton refus que ces crimes soient commis en ton nom (« Not in my name »). C'est celle de milliers de musulmans en France et dans le monde, révulsés par l'association du nom de leur foi à ces monstruosités. Mais ne fais pas l'erreur mortelle de sous-estimer la gravité de ta situation. Ne te laisse pas embarquer par tous ces responsables religieux qui répètent comme un mantra : « Pas d'amalgame ! » car pour conserver leur autorité sur les consciences, ils ont *intérêt* à ce que la religion musulmane ne se pose aucune question critique sur elle-même ! Nombreux sont ceux qui veulent parler au nom de tous les musulmans mais qui les enferment dans l'autodéfense alors qu'ils devraient, en leur qualité de porte-parole, inciter les musulmans à prolonger l'autodéfense par l'autocritique. Ce serait plus courageux, et plus digne de la grande tradition spirituelle et intellectuelle dont ils ont charge d'héritage.

Je comprends encore moins ces intellectuels non musulmans tellement imperméables à l'univers religieux qu'ils s'enferrent eux aussi dans le déni : « Non, le problème du monde musulman, en France et en terres d'islam, ce n'est pas la religion, mais la politique, la géopolitique, l'histoire coloniale, la faute de l'Occident, l'économie, etc. » C'est qu'en général ils ne connaissent à peu près rien à la religion, et en particulier à cet islam qu'ils veulent défendre. Ils s'indignent à bon droit de la confusion entre islam et islamisme mais ils veulent ignorer deux choses : que la religion a été le cœur du réacteur de toutes les civilisations et que sa puissance prodigieuse peut provoquer des ravages destructeurs si elle n'est pas maîtrisée ; que c'est exactement ce risque aujourd'hui qui surgit comme une réaction en chaîne incontrôlable et destructrice, à partir notamment de ce salafisme obscurantiste venu d'Arabie Saoudite et qui répand partout jusque dans nos banlieues un islam ultra-rigide, binaire (bien/mal, permis/défendu), intolérant et agressif. À ces intellectuels qui fondent imprudemment leurs analyses sur de bons sentiments aveugles, je dis que le fait de nier le facteur religieux et de refuser de voir le mal qui ronge la religion islamique relève de la faute, voire du mépris pour les musulmans ! Il y a une faute intellectuelle à faire semblant d'ignorer ce que nous ont appris l'histoire et les sciences humaines, à savoir le potentiel de violence au cœur du sacré, et donc la nécessité pour les religions de maîtriser les énergies colossales qu'elles mettent en jeu. Il y a du mépris quand on dénie aux musulmans la capacité – et donc le devoir – d'entretenir vis-à-vis de leur religion une distance critique, d'autant plus cruciale aujourd'hui.

L'autocritique au-delà de l'autodéfense, cela vaut dans les deux sens. Il s'agit, pour l'islam, de dépasser le premier réflexe de dire : « Ça ne me concerne pas, je n'y suis pour rien. » Pour la société française, de dire : « Ces terroristes sont revenus fous de Syrie, moi qui les ai élevés, je n'y suis pour rien. » D'un côté la posture victimaire, de l'autre celle du bouc émissaire. L'autocritique doit prévaloir sur ces logiques d'accusation entre la France et ses musulmans. « La France est méchante, elle ne veut pas de nous » contre « Les musulmans ne veulent pas s'intégrer et ils en sont incapables ».

Depuis de trop nombreuses années, la France et ses musulmans se sont fait beaucoup trop de mal en reprenant ces discours en boucle. Pour quel résultat ? Ils se sont enfoncés dans une impasse, complètement enferrés l'un vis-à-vis de l'autre dans une tension de plus en plus forte à cause de cette lancinante accusation réciproque. L'islam accuse la France de le rejeter, de le discriminer, de le stigmatiser. L'islam accuse la France de se conduire aujourd'hui avec les musulmans sur son territoire comme auparavant avec les indigènes de ses colonies. L'islam accuse la France de faire payer à ses musulmans l'indépendance de l'Algérie. En retour, la France suspecte l'islam d'être foncièrement incompatible avec la modernité, la démocratie, les droits de l'homme, la laïcité, etc. La France fait passer à ses musulmans un interminable test d'intégration. Alors que pour la plupart, fils ou petits-fils d'immigrés nés et grandis ici, ils sont français depuis longtemps. Les musulmans en tirent toujours plus de rancœur… et les deux s'enchaînent ainsi dans une spirale maudite, de plus en plus dangereuse.

La France *avec* ses filles et ses fils musulmans sont appelés à se relever de ce malheur en se soutenant mutuellement, en s'aidant mutuellement à lutter contre leurs démons respectifs. Je l'ai dit dans ma *Lettre*, l'Occident et l'islam sont la proie de démons, chacun les siens mais qui se ressemblent furieusement les uns les autres ! Ce sont peut-être les mêmes en miroir, des monstres siamois. L'Occident veut faire prévaloir la liberté d'expression, c'est-à-dire en faire une valeur inaliénable.

L'islam veut sacraliser l'image de son prophète et sa religion, en faire donc aussi des principes intouchables ; des deux côtés, un sacré indiscutable. Des deux côtés, la même prétention à détenir la vérité. Des deux côtés, et c'est pour cela aussi que c'est si difficile de s'entendre, *quelque chose qui mérite d'être entendu* : d'un côté, l'Occident met la liberté humaine au centre, de l'autre, l'islam met le sens du sacré au centre. Est-on obligé de choisir l'un au détriment de l'autre, ou bien tous les deux doivent-ils s'engager dans une discussion – laisser tomber les invectives, les anathèmes et les armes – pour essayer d'élaborer ensemble une vision capable de concilier dans nos vies la liberté d'expression et le sens du sacré ?

Le temps de cesser les enfantillages – « c'est-pas-moi-c'est-lui », comme dans les cours d'écoles – est bien arrivé. Entrons ici en France dans l'âge de la maturité des sociétés multiculturelles comme la nôtre. Dans l'âge où nous travaillerons simultanément, sans contradiction, à la *culture de notre unité* et à la *culture de notre diversité* – où ce qui nous différencie et ce qui nous rassemble iront de pair selon une logique d'enrichissement mutuel. Dans l'âge où nous reconnaîtrons enfin que tous nos problèmes de société sont indivisiblement les nôtres : le musulman ne peut plus dire, ici en France, « je ne suis pas concerné par le terrorisme », et le non-musulman ne peut plus dire « je ne suis pas concerné par les questions d'islam ». La diversité de notre société française doit entrer dans tous les esprits comme un fait, qui entraîne la mise en commun de tous nos défis. Au-delà de la France, la mondialisation doit rassembler les Orients et les Occidents dans la prise de conscience qu'aucune civilisation n'est plus autosuffisante et n'a un destin à part – elles sont irréversiblement interpénétrées et chacune a désormais besoin du concours de toutes les autres.

Notre défi commun le plus fondamental, décisif pour l'avenir ? Je le dis souvent d'une formule : *aujourd'hui, nous avons tous besoin d'intégration*, et pas seulement les immigrés de fraîche ou longue date.

Arrêtons d'assimiler intégration et immigration ! Oui, les immigrés de fraîche date ont besoin d'être intégrés. Mais nos valeurs – dignité de l'être humain, liberté, égalité, fraternité, solidarité, laïcité, mixité – ont besoin d'être *réapprises par notre société tout entière*, et pas seulement rappelées à quelques musulmans radicaux ! Ce ne sont pas seulement ces radicaux, ni les musulmans en général, qui ont besoin de réfléchir à ce que ces mots veulent dire. Notre Nation tout entière a oublié d'en assurer l'enseignement, la transmission, les moyens d'un partage vivant. Nous ne serions d'ailleurs pas si déstabilisés par l'islam radical ou traditionaliste si nous étions plus sûrs de ces valeurs, si elles avaient été assez bien enseignées dans nos écoles et par les familles – non musulmanes *et* musulmanes ! Nous avons tous besoin maintenant – « gaulois » ou non – de réinvestir nos valeurs, de nous engager pour elles personnellement et collectivement, chacun à la place qui est la sienne dans la vie sociale.

La France et l'islam sont une chance l'un pour l'autre

Les vieux démons de la France lui font trahir sa vocation de *pays de la fraternité*. Ces trahisons de nous-mêmes, dont notre sens de l'honneur doit nous sauver à présent, ce sont la haine de l'autre, la peur de l'étranger contre laquelle nous avait pourtant prévenus Albert Camus. Et l'extrême droite, ce cancer au cœur du corps démocratique, profite des angoisses de populations en souffrance sociale pour proliférer en trompant ses électeurs. Mais il y a aussi une conception complètement dépassée de l'identité française : de ses racines blanche et chrétienne, réelles et fécondes, mais qui n'ont d'ailleurs jamais été exclusives, certains veulent faire encore aujourd'hui le critère de la « vraie » identité française. Ce mythe néfaste est d'abord un déni de l'histoire de France : le regretté Mohammed Arkoun avait bien montré avec l'encyclopédie qu'il avait dirigée, l'*Histoire de l'islam et des musulmans en France, du Moyen Âge, à nos jours*, et que Jacques Le Goff avait préfacée, que la France, de tout temps, et même avant qu'elle ne se nomme « France », avait eu une histoire avec les musulmans – une histoire passionnelle, certes, pleine de bruit et de fureur, mais une histoire humaine, relationnelle, profonde, qui a contribué à forger son identité. Déni de réalité ensuite, au temps de la société multiculturelle, multiethnique, qui est une donnée incontournable sur laquelle personne ne pourra revenir.

Il faut le dire et le répéter inlassablement, le peuple français n'a jamais été un peuple fondé sur le sang, notre nation s'est fondée sur un désir – une volonté de l'esprit et du cœur. Un grand et beau désir, le plus noble de tous, celui de faire du beau pays de France le lieu d'une fraternité universelle sans aucun privilège ni exclusion. C'est cela la France terre d'accueil. Cela ne veut pas dire la France ouverte à tous les vents migratoires mais le pays où chaque enfant qui naît est accueilli comme l'un des nôtres, où chaque exilé qui arrive peut devenir français dès lors qu'il adhère à nos valeurs. Le lieu où quelle que soit leur couleur de peau, leurs croyances religieuses ou leur athéisme, leur terroir régional ou le pays lointain de leurs ancêtres, tous sont ensemble et inséparablement *français* dès lors qu'ils sont *d'accord* pour croire en l'homme libre, le *Franc*.

La France est une idée qui déborde aussi ses frontières physiques. Partout dans le monde où un homme se bat pour un idéal de liberté, d'égalité, de fraternité, il est en quelque sorte un Français ! Rappelons-nous ce que racontait le philosophe Emmanuel Lévinas : du fond de sa Lituanie natale, son père lui disait en substance à propos de l'affaire Dreyfus qu'« un pays qui se déchire à un tel point pour sauver l'honneur d'un petit officier juif, c'est un pays où il faut rapidement aller ». C'est en leur rappelant cette parole que je veux m'adresser aujourd'hui à mes frères et sœurs juifs – qui le sont tout autant pour moi que mes frères et sœurs musulmans. À eux comme à tous ceux qui voudraient partir ou repartir de France parce qu'ils n'arrivent plus à sentir notre fraternité, je crie : « Ne nous quittez pas ! La France sans vous ne serait plus elle-même. » Et à côté de cette supplique, j'ai envie de dire à ceux qui osent affirmer que les millions de Maghrébins vivant en France devront bien un jour *partir*, ou à ceux qui brandissent l'épouvantail d'une France bientôt soumise au pouvoir des musulmans, qu'ils sont les mauvais génies de la France, les héritiers de ses plus sinistres figures.

Le problème aussi avec « l'idée de la France », c'est précisément qu'elle a trop souvent tendance à rester une idée ! Il n'y a pas que ceux qui la trahissent, il y a les dysfonctionnements de notre société qui finissent par en faire une pure abstraction. Quand je dis « fraternité sans barrières », ou « égalité des chances », comment cette promesse républicaine peut-elle être perçue par tous ceux qui en sont manifestement exclus ? Prenons quelques exemples précis de cette exclusion qui touche beaucoup de monde – des exemples qui feront frissonner ceux que le réel dérange : il y a sur notre territoire des cités où ne vivent plus que des « petits Blancs » prolétarisés, et ailleurs des barres d'immeubles où il n'y a plus que des Maghrébins, des classes où il n'y a plus que des petits Africains, et des zones rurales où il n'y a plus que des petits salaires et des minuscules retraites.

Bref, dans tous ces territoires où la mixité sociale et/ou culturelle n'existe plus, comment voulez-vous concrètement fraterniser ? *Avec qui ?* Comment voulez-vous concrètement vous sentir proches de tous ceux *que vous ne voyez jamais* ? Dans de telles conditions de séparation des espaces, les idéaux de fraternité et d'égalité deviennent une fumisterie ! Si je sors de chez moi et que je ne vois – pardon pour la crudité du langage – que des Noirs comme moi, ou que des riches comme moi, dans une société qui fabrique de plus en plus de *l'entre-soi subi* ou de *l'entre-soi choisi*, que reste-t-il de nos beaux idéaux sinon un mensonge ? S'il faut faire des kilomètres pour fraterniser, cela devient tout de suite plus difficile – mission impossible pour les pauvres, mission impensable pour les riches. La fraternité est une école de la rue, elle commence devant chez soi, elle naît d'une proximité physique quotidienne, d'une mixité sociale de tous les jours. La fraternité se *pratique* dès le plus jeune âge, et c'est donc aussi une affaire d'éducation familiale. Comment le soir à table parle-t-on des Arabes, des « Gaulois », des juifs ? Combien de familles transmettent le principe éthique qu'on est d'abord frères humains avant d'être frères en religion ou frères de classe ?

Responsabiliser l'islam sans l'accuser

Que pouvons-nous faire en France – ici et maintenant – pour aider nos musulmans à participer à notre idéal de fraternité ? Pour que se referme le fossé aujourd'hui béant entre ceux qui disent « je suis Charlie » et ceux qui répliquent « je ne suis pas Charlie », entre ceux qui se révoltent contre les assassinats terroristes et ceux qui disent « *Charlie Hebdo* l'a bien cherché » ? Pouvons-nous faire comme si cela n'existait pas, comme si nous n'entendions pas ? Comme si l'on pouvait laisser faire et laisser dire ? Ou comme si la réponse sécuritaire et répressive pouvait suffire ?

J'ai parlé des vieux démons de la France. Les musulmans ont aussi rendez-vous avec les leurs. Il y a les plus visibles, qui sont de pures et simples perversions de l'islam : la haine terroriste, l'idéologie djihadiste, l'intégrisme délirant. Mais ce n'est là qu'un arbre qui cache la forêt, *une forêt elle-même en piteux état* : ici en Occident, dans les communautés musulmanes et partout ailleurs dans le monde musulman, les mêmes maux très généralisés, le même déficit de culture spirituelle, dégradée souvent en sous-culture religieuse qui interdit l'exercice de l'intelligence, qui sépare religion et liberté, et qui fait traduire le mot arabe *islam* par « soumission ». C'est insupportable, et de plus en plus de musulmans refusent ce rapport d'esclaves à leur propre religion ! C'est insupportable parce que cela écrase les droits de l'homme sous la loi de Dieu, alors que toute pratique spirituelle éduquée, instruite, en islam comme ailleurs, trouve une place pour la liberté et la responsabilité humaines. C'est donc – je le répète depuis des années – à chaque musulmane et à chaque musulman de décider librement du rapport qu'il veut avoir à sa tradition spirituelle. Il faut que les musulmans fassent le ménage – pas par la violence mais par l'éducation, le débat interne – de tous les stéréotypes du « bon musulman » et de la « bonne musulmane » : faire ses cinq prières, ne pas manger de porc, « vivre halal », etc. Et qu'ils se débarrassent aussi de tout ce qui est archaïque : la dissimulation complète du corps pour les femmes, y compris les petites filles, le refus de la mixité, l'école musulmane pour se couper des « infidèles », la conviction que l'islam est la meilleure des religions, l'interdiction de remettre en cause le caractère de « vérité absolue » du Coran, le dogme d'une « doctrine unique » qui doit rester vraie et appliquée sans tenir aucun compte des changements de temps et de lieu, etc.

Nous sommes au XXIe siècle ! C'est désormais à chaque conscience musulmane de définir par elle-même de manière libre et responsable quelle sorte de musulman elle veut être, quel rapport à la culture musulmane elle veut avoir. En fonction de ses propres besoins spirituels, qu'elle aura appris à discerner à chaque période de sa vie. En fonction du rapport qu'elle décide elle-même d'avoir avec la religion et toutes les coutumes qui s'en réclament. *La ikrâha fi Dîn*, comme dit le Coran : « Il n'y a pas de contrainte en religion ! » *Le seul véritable maître est intérieur.* Ce n'est pas la famille, ce n'est pas le grand frère, ce n'est pas l'imam du quartier ni celui qu'on consulte sur internet. Quant au Coran, un hadith du Prophète dit qu'il faut le lire comme s'il venait de nous être révélé personnellement, ce qui veut dire que chacun est responsable de créer, de penser, d'élaborer sa propre lecture.

Certains se sont levés courageusement – en solitaires – pour proposer cette réconciliation entre spiritualité et liberté. On ne les écoute pas assez en Occident et, en Orient, on les inquiète, on les bâillonne, on les persécute. La France reste amie de l'Arabie Saoudite qui impose et propage dans le monde un islam hyperrigoriste et autoritaire. Parmi ceux qui ont osé s'indigner de ces compromissions et s'opposer de front aux islamistes affichés ou camouflés, je veux rendre hommage particulièrement à Abdelwahab Meddeb dont j'ai aujourd'hui la lourde charge de reprendre l'émission « Cultures d'islam », qu'il avait créée et animée pendant dix-sept ans sur France Culture. En ce début d'année, j'ai ressenti très douloureusement le poids de son absence. Car son grand savoir et sa parole tranchante, sans concessions, nous ont interrogés pendant des années sur les racines profondes de la « maladie de l'islam ». Abdelwahab Meddeb savait responsabiliser l'islam, et faire la distinction entre islam et islamisme sans céder pourtant à la facilité inconséquente d'éluder cette responsabilité de l'islam dans l'islamisme. Mais après lui, qui osera s'emparer de cette question taboue, de ce sujet interdit ?

La France indivisible et multiple

Nous avons aujourd'hui tous ensemble l'opportunité historique de sortir enfin de ces logiques d'accusation ou de ressassement. De commencer une nouvelle ère. Pour cela, il faut d'abord que nous soyons convaincus d'une chose : c'est bien sûr à travers la question de l'islam que notre peuple a aujourd'hui rendez-vous avec lui-même. C'est elle la plus décisive de toutes pour notre vivre-ensemble. La réconciliation de notre société se fera avec ses musulmans ou ne se fera pas. Ce sera le test crucial. Pourquoi ? Parce que c'est au sujet de l'islam qu'il y a dans notre société le plus grand gouffre, et c'est donc *avec les musulmans qu'il y a maintenant une décision de fraternité à prendre.* Soit nous faisons société ensemble, les musulmans avec tous les autres, et alors notre peuple français continuera d'être « un » peuple rassemblé avec ses différences par l'adhésion de tous à la devise fondatrice « Liberté, égalité, fraternité ». Soit nous faisons société à part, et alors l'importance de la présence musulmane en France créera tôt ou tard les conditions d'une sécession interne – et si la période est mauvaise, d'une guerre civile.

Je propose de parier sur le principe que *la France est une chance pour l'islam, et l'islam une chance pour la France.* Que l'islam n'est pas notre malheur mais le révélateur de nombre de nos propres maux – l'occasion autant que le défi de nous en relever. Mais il ne suffit pas de le dire ! À quelles conditions cela peut-il se vérifier ?

Il y a un effort à faire du côté de l'image que la France a d'elle-même. Elle est à renouveler dans bien des esprits et des imaginaires. Il lui faut apprendre à se reconnaître à la fois, sans contradiction, une *et* diverse, indivisible *et* multiple ! Blanche *et* de toutes les autres couleurs. Athée *et* croyante, chrétienne *et* païenne, juive *et* musulmane, bouddhiste, etc. Et que cette variété religieuse comme la variété ethnique ne lui fassent plus craindre de perdre son identité. Car c'est bien là que le bât blesse. Notre pays n'arrive pas à s'enlever de la tête le préjugé que l'unité doit aller de pair avec l'uniformité. Or c'est faux, nous n'avons jamais été un pays uniforme – mais toujours partagé entre des identités régionales – et cela ne nous a jamais empêchés de nous retrouver tous dans une certaine idée de la France, ni de nourrir en même temps de nos particularismes locaux le sentiment très fort d'une appartenance commune. C'est en cela déjà que l'islam est une chance pour la France : il lui donne une nouvelle opportunité de s'unifier avec ses différences, et d'intégrer dans son unité une différence qui provient cette fois d'une autre grande civilisation ! Osons parier sur cette France forte de l'équilibre qu'elle est toujours arrivée à retrouver, époque après époque, défi après défi, entre son unité et sa diversité. La France doit rester – ou redevenir – aux yeux de tous ses enfants ce pays singulier où il n'y a *nul besoin de se ressembler pour se rassembler* !

Seconde condition pour que l'islam soit une chance pour la France : qu'il fasse le choix de se repenser de fond en comble à la lumière spirituelle de la liberté, de l'égalité, de la fraternité, de la démocratie, de la laïcité. Certains musulmans me disent que c'est acquis ? Non, tout ou presque reste à faire. Non, la civilisation et la religion islamiques ne vont pas bien, et tout est à réécrire au présent de l'indicatif, tout est à revoir pour le débarrasser de ses anachronismes et de ses rhumatismes. À commencer par son manque d'autodérision, sa difficulté tragi-comique à rire de lui-même… et à accepter que d'autres lui rendent ce service de se moquer de ses obscurantismes ! S'il était en bonne santé spirituelle, les caricatures du Prophète l'auraient fait rire de lui-même, ou au moins sourire. Ne sait-il donc plus que la grandeur de l'homme est non seulement de rire de tout en général, mais du sacré en particulier ? Car la capacité de rire face à ce qui nous impressionne – le sacré, le mal, la mort – témoigne de notre capacité de résistance et de résilience en face de ce qui voudrait nous anéantir d'angoisse et de chagrin.

Aider les musulmans à développer un rapport libre à l'islam

Je dis tout cela à l'islam d'autant plus fermement que je le dis amoureusement. Car un philosophe a beau parler avec sa raison, cela ne lui interdit pas de s'exprimer aussi avec son cœur. J'aime l'islam, il m'a fait grandir spirituellement et ma dette envers lui ne sera jamais payée. Mais comme je l'aime, je lui dois la vérité. Voudrais-tu donc que je me taise ? Que se taisent les voix du savoir, de l'esprit critique, de la réflexion, ou les voix inspirées par la méditation soufie, alors que partout se répandent ceux qui ne connaissent de l'islam que le minimum ? Alors que partout sévissent des prêcheurs ou des « savants en sciences religieuses » qui n'ont jamais fait l'effort de prendre la moindre distance critique vis-à-vis des dogmes ? Voudrais-tu que je me taise lorsqu'en Arabie Saoudite on est fouetté pour avoir critiqué publiquement l'islam ? Lorsque le Président turc dit que la place des femmes est à la maison ?

Lorsque des foules manipulées s'excitent aux quatre coins du monde muslman pour faire interdire et châtier le blasphème ici, en France ? Lorsqu'on condamne pour apostasie ceux qui réclament le droit de changer de religion ou de ne plus en avoir ?

Un seul souci anime ma critique de l'islam. L'aider à se réaffirmer comme grande culture, grand humanisme, grande intellectualité. Comment contribuer à ce que ce XVe siècle de l'ère musulmane devienne, comme le fut le XVe siècle de l'ère chrétienne, l'annonce d'une Renaissance ou plutôt – parce que l'histoire ne se répète pas – celui d'une *mutation* ? Dans cette entreprise colossale, la France doit faire sa part a priori modeste mais peut-être décisive. Comme l'a souligné Hubert Védrine dans *Le Monde* du 13 janvier, la France et les musulmans de France sont placés devant le défi d'assumer ensemble un rôle historique, qui les convoque inséparablement : « Cette affreuse tragédie, écrit-il notamment, peut donner aux musulmans de France un rôle historique, une occasion exceptionnelle de s'affirmer, de s'affranchir des peurs ou des colères (fussent-elles justifiées), d'éradiquer les dérives mortifères : et si c'était ainsi, par une sorte de *catharsis*, et maintenant, que naissait du drame sublimé en ce mois de janvier l'islam républicain de France, pas seulement celui des "institutions" ou des notables, mais celui du peuple des musulmans de France, bien que beaucoup d'entre eux ressentent un malaise évident, grâce au cadre structurant, protecteur et propice de la République. »

Encore faut-il que la France – son gouvernement, sa société – aide les musulmans à trouver ici ce « rôle historique » évoqué par Védrine. N'oublions pas en effet que les musulmans sont ici une *minorité*. Nulle part une minorité ne peut se donner à elle-même, par ses seules forces, un quelconque « rôle historique ». Elle doit apporter sa propre contribution – j'ai indiqué les choix que les musulmans devaient faire ici, solennellement, massivement, vis-à-vis d'une culture sclérosée. Mais la France a de toute évidence *envers* ses musulmans une responsabilité immense, qui vient d'abord de sa relation si ancienne avec le monde musulman – à travers l'histoire partagée de la Méditerranée, à travers l'histoire douloureuse de la colonisation, à travers l'accueil historique des immigrations venues d'Afrique du Nord et d'Afrique noire. Une histoire, ça s'étudie, une mémoire, ça se cultive et ça se transmet. La France a donc l'obligation d'être le lieu d'une grande mémoire de sa relation avec la civilisation de l'islam, et le lieu d'une grande connaissance de cette civilisation. À cela le département des arts de l'islam au musée du Louvre, pas plus que l'Institut du monde arabe ou de chétifs instituts universitaires ne peuvent suffire. Nous devons créer ici le Harvard de l'islam ! Le grand et regretté Mohammed Arkoun s'est battu toute sa vie pour cela. En vain.

La France doit donner aux musulmans des lieux de savoir, des lieux de culture… au lieu de chercher encore et toujours à leur donner des chefs religieux comme ceux du Conseil français du culte musulman ! Quand donc arrêtera-t-on de considérer les musulmans de France comme un troupeau gardé par des bergers – des gardiens du culte ! Même si l'urgence est de s'assurer de la formation des imams à nos valeurs, de marginaliser voire de réprimer ceux qui racontent n'importe quoi dans leurs prêches du vendredi en contradiction avec ces valeurs, le problème de fond est au-delà. Beaucoup de nos concitoyens de culture musulmane cherchent à élaborer un rapport libre à leur culture, à leur religion – et non pas à être sempiternellement encadrés par des clercs, même éclairés. Ils en ont assez des prêchi-prêcha ! Ils cherchent une relation intelligente, instruite, contemporaine, à leur foi et à la civilisation islamique mais ils ne trouvent presque rien… ou plutôt si hélas ! Ils trouvent sur internet des textes de prêcheurs qui se font passer pour des penseurs. La sous-culture religieuse trop répandue ne leur donne toujours accès qu'à du prêt-à-penser qui les laisse schizophrènes : du côté profane on pense, du côté religieux on obéit

Oser parler du sacré tous ensemble

Nous devons décider une bonne fois pour toutes de faire de la France le pays de la fraternité pour que le monde musulman et l'Occident trouvent ici, chez nous, le lieu idéal, le modèle d'harmonie dont ils ont besoin et qui nous fera sortir du choc des civilisations. Il faut remplacer la guerre des sacrés contradictoires par la paix du sacré partagé. N'ayons plus peur de ce mot de sacré ! N'ayons plus peur de parler entre nous du sacré ! Le sacré est pour un être humain ce qui lui tient le plus à cœur, ce pour quoi il serait prêt à donner sa vie, à se « sacrifier ». Et pour la société, il est ce qui permet, comme le dit Régis Debray, de « faire d'un tas un tout ». Comment donc éviter d'en parler si nous voulons faire société ? Comment pouvons-nous prétendre vouloir vivre ensemble si nous n'essayons pas de trouver un sacré partageable ? Ou bien alors, c'est que nous voulons faire société de façon purement extérieure, formelle, froide, sans aucune envie de partager ce qui nous tient le plus à cœur...

Mais jusque-là, ce sont la peur et le renoncement devant la difficulté qui ont prévalu. Entre musulmans et non-musulmans, entre croyants et athées, on est restés les uns et les autres prudemment au bord du gouffre de la différence des sacrés en faisant consciencieusement comme s'il n'existait pas. Quel aveuglement collectif ! Il faut dire à notre décharge que le sacré est certainement ce qu'il y a de plus difficile à partager, entre religions, entre idéologies, entre systèmes de valeur. Cette question nous paraît tellement abyssale qu'on n'ose pas s'en emparer et qu'on assiste, impuissants, au spectacle de notre société se déchirant autour de ce non-dit.

Il est temps de prendre enfin le risque non seulement d'en parler mais de proposer un sacré partageable – un sacré qui n'empêche pas les uns de croire en tel dieu et les autres en aucun dieu. Un sacré qui n'entre en concurrence ni avec les religions ni avec l'athéisme. Personnellement je ne vois que la fraternité qui remplisse ces critères. C'est en effet une valeur transversale, universelle, que l'on trouve dans tous les héritages d'Orient et d'Occident, aussi bien dans les sagesses religieuses que dans les morales profanes. Si elle a ce caractère universel, c'est pour une raison très simple : la fraternité nous ramène à l'essence même de notre humanité, c'est-à-dire à l'évidence première que nous ne sommes rien les uns sans les autres. Voilà en quel sens elle est sacrée, c'est-à-dire indiscutable et indispensable : si nous n'agissons pas de manière fraternelle les uns avec les autres, il n'y a rien de ce qui nous rend humains, rien de ce qui nous fait acquérir et accomplir notre humanité, ni éducation, ni transmission, ni dialogue, ni partage, ni coopération, ni amour, ni amitié ; si nous n'agissons pas de manière fraternelle les uns avec les autres, par-delà les frontières de classe sociale et de culture, de couleur de peau ou de religion, c'est tôt ou tard la guerre entre tribus ou la loi du plus fort.

Nous, les Français, devons être à l'avant-garde d'une civilisation de la fraternité – c'est notre destinée historique mais nous l'avions oublié. Non pas au sens où nous aurions des leçons à donner au monde. Mais depuis longtemps, le monde humain a une attente particulière envers la France, et celle-ci a une responsabilité particulière envers lui. Nous ne sommes pas le gendarme du monde, nous ne serons jamais les maîtres économiques du monde. Ce n'est pas notre destin. Laissons à d'autres le goût des armes et le culte de l'argent. Si tout ce qui se passe en France continue d'être scruté partout avec la même attention, la même curiosité, la même espérance, c'est que nous restons aux yeux des nations de la terre le peuple de la Révolution, qui a donné à la fraternité des êtres humains son acte de naissance historique en les déclarant « libres et égaux en droits ».

La fraternité comme sacré

Dans les mois et les années qui viennent, chacun d'entre nous sera placé devant ce que j'appelle la *décision de fraternité*. Un choix très simple : la pulsion de rejet et d'exclusion, ou la volonté de rassemblement, de réconciliation. C'est une décision à prendre sur le plan personnel et collectif. Elle concerne chaque conscience, chaque citoyen, chaque leader politique, chaque courant d'idées, chaque « communauté ». Il est rare qu'une nation entière ait ainsi l'opportunité de faire un tel choix d'elle-même. C'est le signe même d'un moment historique.

Cela vaut aussi bien pour les athées que les croyants, aussi bien pour les juifs, les chrétiens, que les musulmans, aussi bien pour les Français « de souche » que pour les immigrés de fraîche ou longue date. Chacun va devoir choisir entre la fraternité universelle ou le repli sur soi, la grande famille humaine ou la petite tribu identitaire. Soit je continue de dire « c'est mon frère », « c'est ma sœur » en parlant exclusivement de ceux qui ont la même origine, la même croyance ou le même compte en banque que moi, et je rate la marche de ce qui est en train de se passer maintenant en France. Soit je suis capable de mettre mes propres pas dans le sens de l'histoire, et je marche alors avec tous ceux qui veulent aujourd'hui s'engager pour faire exister concrètement, réellement, quotidiennement, la fraternité la plus large. Du côté de tous ceux qui ont compris que *la fraternité universelle est la valeur qui a le plus de valeur*.

La fraternité est restée pendant trop longtemps la grande oubliée de notre devise républicaine. Or, elle en est le cœur secret : sans elle, la liberté et l'égalité sont un idéal vide, parce que si je ne perçois pas l'autre comme mon frère, que m'importe en réalité son droit à la liberté, et en quel sens abstrait serait-il mon égal ?

Des trois sœurs, c'est elle qui a le plus de génie ! Voilà pourquoi il faut renverser l'ordre de notre devise, la faire passer en premier : « Fraternité, liberté, égalité. » Car elle seule peut empêcher efficacement la liberté de basculer dans l'individualisme. Elle seule peut empêcher efficacement l'égalité de basculer dans l'affrontement entre ceux qui estiment avoir les mêmes droits. Si l'on ne veut pas que s'installe la guerre des libertés et le conflit des égaux, il faut nécessairement qu'ils aient appris *d'abord* à se considérer comme frères. Il faut qu'ils aient été éduqués à se soucier de la liberté et de l'égalité de l'autre, et de ce souci pour autrui, seul un frère est pleinement capable. Sans expérience de proximité, sans relation d'estime, sans cette *amitié sociale* dont Aristote déjà faisait la clé de la justice dans la Cité, le maintien de notre liberté et notre égalité ne pourront compter que sur les lois et la police, jamais sur nos cœurs.

Comment se battre pour la liberté de l'autre, comment prendre à cœur l'égalité de tous, si l'on n'a pas appris à aimer au-delà du cercle de sa famille et de ses amis ? Il n'y a pas d'engagement social et politique sans amour ni tendresse pour l'humanité. Comment donc s'engager vraiment sans cultiver en soi la capacité de s'intéresser à autrui ? Certes, pas à « tout le monde » mais au moins un peu plus à chacun de ceux que l'on croise dans sa vie ? Si l'on a laissé l'autre devenir une abstraction, s'il est resté un inconnu ? Si l'on n'a même pas eu l'occasion de rencontrer cet autre – l'étranger, le différent – parce qu'il vit ailleurs ou dans un ghetto ?

J'entends d'ici rire quelques beaux esprits : « Beau discours mais simpliste, bêtement et béatement idéaliste ! Quelle naïveté ! » J'en ai assez d'entendre et de voir triompher ce cynisme qui veut se faire passer pour une lucidité supérieure sur la nature humaine – laquelle serait foncièrement égoïste. J'en ai assez de ces professeurs de réalité qui prennent la médiocrité de leurs propres ambitions pour la limite de l'humanité elle-même. Je suis révulsé par ces « amoralistes » qui professent du haut de leur « scepticisme » et de leur misanthropie personnelle qu'il est impossible d'aimer « les autres » et qu'on n'aime jamais que quelques personnes ! Comment peut-on espérer s'en sortir collectivement avec des discours pareils ? J'en ai marre de cette société, de cette civilisation tout entière fondée sur le préjugé que l'être humain est un être foncièrement solitaire, égoïste, agressif, à la capacité d'aimer étroitement limitée. Marre de ces sociologues qui nous parlent de l'« inutile idée de société ». Il y a longtemps déjà, l'anthropologue américain Marshall Sahlins dénonçait le règne d'une « anthropologie sinistre » qui réduit le rôle des lois politiques et économiques à une simple régulation de « la guerre de tous contre tous ». Nous avons aujourd'hui l'occasion historique de changer d'ère en changeant de vision de l'homme. En échangeant cette mesure de l'homme à partir de son inhumanité contre sa mesure à partir de son humanité, ou de sa médiocrité ordinaire contre sa mesure à partir de sa plus noble et belle humanité. Et quand bien même la fraternité serait une utopie ? *À l'impossible l'homme est tenu.* Seuls les plus grands idéaux ont toujours donné à notre espèce humaine sa pleine mesure !

On a oublié une évidence dans notre société : la fraternité s'apprend. On ne naît pas fraternel, on le devient. Si nous savions faire comme les philosophes grecs pour lesquels la philosophie était un art de vivre, un exercice quotidien à la vertu, la fraternité peu à peu nous viendrait – si donc au quotidien nous apprenions à tirer de chaque rapport humain une opportunité de travailler sur nous-mêmes en nous investissant davantage dans la relation à l'autre, en faisant un peu plus attention à lui, en étant plus patients, plus souriants, plus à l'écoute, plus confiants même si on se connaît mal. Une amabilité chaleureuse, une bonté modeste, une simple bienveillance. Un effort de disponibilité. Rien de spectaculaire. Pas un héroïsme moral. Des petites choses, et un tout petit peu plus à chaque fois. Mais cela nous transformerait. Seules les simples vertus pratiquées tous les jours finissent par faire de grands cœurs.

Sinon ? Quelle est l'alternative si nous ne faisons pas cet effort ? Si nous ne nous occupons pas ainsi de notre âme ? Si nous ne retrouvons pas le sens du travail sur soi ? Si nous ne faisons pas de notre propre perfectionnement moral le premier outil de la transformation sociale ?

Dans nos sociétés multiculturelles, ce sera inévitablement la guerre. Guerre froide de l'indifférence entre les communautés de Noirs, de « Beurs » et de Blancs, de pauvres et de riches, de juifs et de musulmans, de cathos et d'athées. Et guerre sanglante des affrontements entre ces communautés dès que telle ou telle flambée de violence aura allumé la mèche de la discorde. Est-ce donc vraiment de la naïveté que de réclamer d'entrer tous dans le temps de la fraternité ? À cette fin, je plaide pour que nous donnions à la fraternité la dignité politique qui lui revient, c'est-à-dire pour que nous installions enfin la fraternité dans une grande institution républicaine – voir dans mes dix propositions finales la première qui précisera de quoi il s'agit. Le XIXe siècle fut celui de la conquête politique de la liberté, le XXe siècle fut celui de la conquête sociale de l'égalité, que le XXIe siècle – qui commence aujourd'hui – soit celui de la conquête *sociale, politique et spirituelle* de la fraternité universelle, au service de l'unité de tous et de l'expression de chacun !

Il nous reste de grandes choses à faire. Mais nous nous sommes endormis. Nous nous sommes laissé inconsciemment enfermer depuis quelques générations dans l'idée que nous étions « des fils de », les simples descendants des révolutionnaires de 1789 et des résistants de la Seconde Guerre. Cette léthargie d'héritiers repus a assez duré ! Nous ne pouvons plus nous permettre de rester ainsi confortablement dans la commémoration d'héritages dont notre mémoire entretient le culte pieux mais que nos mains paresseuses laissent s'effilocher lentement mais sûrement... Non, la France n'est pas qu'un passé glorieux de grandes heures et de grands hommes morts auxquels la patrie est reconnaissante. Elle doit aussi songer à faire exister une grandeur vivante. Non, ce n'est pas la fin de l'Histoire, elle vient justement de nous solliciter pour repartir ! Non, le monde n'est plus désenchanté, l'électrochoc terroriste justement vient de nous donner l'occasion de le réenchanter !

En cela les tueurs de *Charlie Hebdo* et de l'Hyper Cacher ont radicalement échoué. Ils voulaient finir d'enterrer la France, mettre un point final au déclin annoncé de l'Occident. Ils voulaient prononcer notre oraison funèbre. *Ils vont nous faire ressusciter.* Nous allons nous réveiller, nous relever, nous ressaisir collectivement en faisant tout ce qui s'impose pour revivifier notre vivre-ensemble. Non pas grâce à ces terroristes mais *grâce à ce que nous allons faire de ce qu'ils voulaient nous faire.*

Nous allons réagir. Avec nos musulmans, car un certain nombre d'entre eux, face à cette attaque, se sont révélés, réveillés.

Pas tous cependant. Il faut avoir le courage de le dire, la lucidité de s'en inquiéter, la patience de comprendre pourquoi mais aussi la fermeté de dire que ce n'est pas acceptable. J'ai même entendu des musulmans dire que

« Charlie l'avait bien cherché » et, dans certaines écoles, la minute de silence en hommage aux victimes a été perturbée par des enfants qui ont pris prétexte de l'islam pour se rebeller. C'est sans excuse. On ne peut plus se contenter de dire : « Il faut les comprendre. » Une situation pareille est un instant de vérité qui révèle tout d'un coup des déficits énormes dans l'éducation familiale de trop de nos petits musulmans et des zones d'ombre dans la conscience de trop d'adultes. Nous ne pouvons plus faire comme si nous n'avions pas vu et entendu. Les musulmans de France sont convoqués dès lors par une responsabilité urgente, qu'ils ont tout intérêt à comprendre très vite et à assumer sans tarder, s'ils ne veulent pas augmenter vis-à-vis d'eux une méfiance et un rejet déjà très inquiétants. Ils doivent s'assurer que, dans chaque famille, tous les enfants sont dans le respect des valeurs humanistes universelles.

Quant aux plus âgés, ils doivent faire leur examen de conscience : comment se fait-il qu'ils aient pu accumuler dans leur esprit et dans le cœur, vis-à-vis de cette France où ils vivent pourtant depuis si longtemps, un tel sentiment de *frustration*, de *rancune*, qu'ils éprouvent le besoin de se servir de ces assassinats comme d'un *exutoire* en disant : « C'est bien fait pour eux » ? La France les a-t-elle si mal reçus, les a-t-elle traités comme des citoyens de seconde zone au point qu'ils sont heureux de ce qui la blesse ? Non. Et que gagneraient-ils à s'enfermer dans la logique de la récrimination perpétuelle ?

La règle d'or humaniste

Face à la barbarie terroriste, tous les musulmans auraient dû être unanimes dans sa condamnation sans appel – sans « oui mais ». Ils l'auraient été s'ils avaient été tous, dès leur plus jeune âge, instruits par une authentique culture spirituelle. Pas cette sous-alimentation religieuse qui se contente de repérer sur les paquets de gâteaux la gélatine de porc, pas cette sous-culture qui se contente de diviser la vie de manière binaire en *halâl* et *harâm*, permis ou défendu. Non, je parle de cette grande éducation humaniste dont le fondement se trouve par exemple dans la sourate 41 du Coran. Le verset 34 dit qu'il faut *rendre le mal par le bien*, ne pas sombrer dans la vengeance mais apaiser la souffrance de nos blessures avec le souffle amoureux de la fraternité : « La bonne et la mauvaise action n'ont pas du tout la même valeur. Rends le mal par le bien et celui qui était ton pire ennemi deviendra ton meilleur allié » ; et dans le verset 32 de la sourate 5 : « C'est pourquoi Nous avons prescrit pour les Enfants d'Israël que quiconque tuerait une personne non coupable d'un meurtre ou d'une corruption sur la terre, c'est comme s'il avait tué tous les hommes. Et quiconque lui fait don de la vie, c'est comme s'il faisait don de la vie à tous les hommes. »

Ces commandements coraniques rejoignent – au cœur de la vie spirituelle – le commandement chrétien de l'amour. Et de même la miséricorde (*rahma*) en islam est la sœur de la charité chrétienne. Si une musulmane devient miséricordieuse, selon l'exemple du Dieu miséricordieux du Coran (*Rahmân*), qu'importe qu'elle couvre sa tête et son corps avec un voile, son vêtement sera celui de l'amour divin ! Si un musulman devient miséricordieux, qu'importe qu'il mange et boive ce qu'il veut, sa sainteté sera celle de l'amour divin ! Sois fraternel et fais ce que tu veux...

Tout ce qui monte converge, disait Teilhard de Chardin. Cette invitation supérieure à rendre le mal par le bien est le point de convergence de toutes les sagesses de l'humanité, qu'elles soient religieuses ou profanes. On l'appelle communément la *règle d'or humaniste*, présente sous des formes diverses aussi bien dans le bouddhisme, l'hindouisme, le confucianisme, que dans les monothéismes et les philosophies ou les morales athées. Ce n'est pas seulement : « Ne fais pas à autrui le mal que tu ne voudrais pas qu'il te fasse. » Ce serait trop peu ! C'est : « Fais à autrui tout le bien que tu voudrais qu'il te fasse. » Toutes les grandes civilisations du monde se rencontrent sur ce principe, même si elles ne l'ont pas toutes autant développé Chacune a sa contribution propre à apporter, dont il nous faut maintenant faire la collecte patiente, la récolte minutieuse – comme de notre bien le plus précieux – pour rassembler ces *commandements de fraternité universelle*, et les mettre au centre de tous nos dialogues, de toutes nos éducations.

Le meilleur du religieux et du profane se rencontre dans la fraternité. C'est par exemple l'éthique de Kant qui enseigne à se demander toujours quelles seraient les conséquences de l'acte qu'on s'apprête à accomplir si tout le monde en faisait autant. C'est également le philosophe Emmanuel Lévinas – encore lui – qui l'avait exprimé de façon universelle à partir de son héritage juif : apprendre à chaque enfant à cultiver sa sensibilité humaine en apprenant à regarder avec amour le visage de l'autre, les yeux de l'autre être humain. Cet éveil de la sensibilité à l'humanité de l'autre, de tout autre sans distinction de couleur ou de croyances, est le seul *vaccin efficace* contre les tentations de la violence, les séductions du mal, l'endoctrinement fanatique et meurtrier. On ne voit bien l'autre qu'avec le regard du cœur. On ne reconnaît l'humanité de l'autre, l'autre comme son semblable, comme son frère humain, que si l'œil du cœur a été ouvert dès le plus jeune âge. Après il est trop tard. Si ce sixième sens de la fraternité n'a pas été éveillé au départ, l'individu *croit que la fraternité est une croyance*, il ne la ressent pas. Mais y aura-t-il demain un progrès social supplémentaire si nous ne faisons pas ce progrès moral ?

Il faut donc faire de la règle d'or humaniste une *culture commune* – un enseignement et une pratique – commençant à l'École. Cela doit être le premier objet de ce qu'on appelle l'enseignement laïque des faits religieux. Ce n'est pas un cours de religion, ce n'est pas un catéchisme. Il ne s'agit pas que l'École laïque enseigne aux enfants à croire en un dieu, ni les empêche de croire. Son rôle est de transmettre aux enfants la conscience la plus claire possible que toutes les civilisations, toutes les religions et toutes les morales du monde se rencontrent sur le commandement de fraternité. Il faut les « ouvrir de la façon la plus objective possible à la diversité des visions du monde », comme le dit la Charte de la laïcité à l'École, en leur montrant l'unité et l'universalité de la fraternité. Que ce soit à travers la mobilisation de préceptes religieux, de proverbes, de vies saintes, d'arguments philosophiques, de contes pour enfants où c'est la morale de l'histoire. Et il ne suffit pas de raconter tout cela aux enfants, ni de leur faire apprendre par cœur et réciter. Il faut que les professeurs leur fassent mettre en œuvre et, oserais-je le dire comme ça, pratiquer la fraternité – et que chaque famille le fasse aussi à la maison.

Les enfants doivent donc dès leur plus jeune âge être éduqués conjointement chez eux et en classe – ainsi que dans leurs activités périscolaires et tous les lieux d'éducation (clubs sportifs, etc.) – à plusieurs choses : discuter ensemble de leurs convictions, de leurs croyances dans un climat de tolérance et d'écoute, en vue de développer leur curiosité pour l'autre, de comprendre ce qui distingue les cultures, les visions du monde et de découvrir aussi ce qui les rapproche ; accomplir ensemble des tâches d'intérêt général qui leur donnent le sens du collectif ;

multiplier les jeux, les activités, dans lesquels ils développent leur capacité à coopérer, à interagir, pour comprendre que chacun n'est rien sans les autres. Il faut enfin cultiver la sensibilité morale de chaque enfant en trouvant les moyens de l'inviter à se mettre à la place de l'autre, à vouloir l'aider, à compatir lorsqu'il souffre, à être heureux avec lui de ce qui le réjouit – l'empathie.

Retrouvons ensemble, pour nous-mêmes et pour les générations qui arrivent, tous nos héritages collectifs qui nous appellent au commandement de fraternité. Marre aussi d'une société qui n'assume plus aucun de ses héritages et qui va de table rase en table rase ! Partageons entre nous tous le trésor commun de toutes les ressources spirituelles chaudes – chaleureuses et généreuses – que les religions et les morales profanes nous ont transmis.

Remettons-nous, grâce au trésor de nos ressources culturelles diverses, à *fabriquer du commun* ! Pour sortir du relativisme moral où nous nous sommes laissé embourber comme dans un morne marécage – ce relativisme qui veut nous persuader que c'est « à chacun ses valeurs », « à chacun sa morale », et nous laisser perdus les uns pour les autres. Pouvons-nous encore, dans la situation de polyfracture sociale qui est la nôtre, nous autoriser un tel renoncement à partager des valeurs morales fortes ? Et pouvons-nous continuer encore longtemps à répéter comme des perroquets : « Respect, respect, respect » ? À écouter ceux qui nous disent crânement : « Moi, je n'ai pas besoin qu'on m'aime, je veux seulement qu'on me respecte » ? Dans ce cas, nous serions aussi bien indignes du patrimoine universel de l'humanité en matière d'exigence morale, qu'indignes de notre propre tradition morale occidentale. Car celle-ci ne se contente pas d'appeler à ce minimum syndical qu'est le respect en matière morale. Elle nous commande la conscience partagée que tout autre est mon frère humain, comme le dit – souvenez-vous – Victor Hugo dans *Les Misérables.* À Jean Valjean le bagnard, rejeté de partout, méprisé, battu, avili, l'évêque de Digne ouvre sa maison. Et lorsque Jean Valjean lui dit : « Monsieur, comment pouvez-vous ainsi accueillir chez vous, sans méfiance, un homme à la mine aussi sauvage que moi, et dont vous ne connaissez même pas le nom ? », l'évêque répond ceci – qui est sublime et devrait nous inspirer tous : « Si, je le connais ton nom, tu t'appelles mon frère. » Voilà la petite histoire que nous a léguée le grand Hugo et qu'il faudra transmettre encore et encore pendant mille générations.

Pour un réchauffement spirituel de la planète

Pas seulement citoyens mais frères. Citoyens parce que frères. Le temps est venu de donner un cœur chaud à nos principes froids. De compléter la politesse et la civilité par la fraternité. De devenir un pays où les hommes ne se contentent pas de coexister – ce mot de coexistence que j'entends partout aujourd'hui, alors qu'il est si faible et si froid, puisqu'il signifie seulement « vivre les uns à côté des autres ». Suis-je donc le seul à sentir la différence, à rester frigorifie dans la coexistence ? Nous devons continuer à vouloir plus : nous mélanger, nous mêler, nous marier au lieu de cohabiter. La France est la championne des mariages mixtes. Nous avons eu une équipe championne du monde de football en 1998 et elle était black-blanc-beur. Rappelons-nous l'enthousiasme qui s'est alors emparé des cœurs !

Où est aujourd'hui cette chaleur humaine dans nos espaces sociaux ? Où est notre capacité à fraterniser au-delà du cercle restreint de nos proches ? Où en est notre capacité à nous mettre à la place de l'autre ? Nos rapports sont réglés par le droit, la loi, les institutions, la peur du regard des autres, les feux de circulation. Où est l'élan du cœur dans tout cela ? Nulle part. Il ne fait chaud que dans l'intimité du foyer familial, et parfois un peu dans un stade ou une manif ! Comment s'étonner dès lors que les individus abandonnés à cette quasi-absence de *chaleur publique* choisissent de se réfugier dans la chaleur de petites tribus où l'on se serre frileusement les uns contre les autres : une religion, un réseau social, quelque part sur le continent du chacun pour soi et du chacun chez soi généralisé ?

Il fait trop froid dans la vie en Occident. Et ce n'est donc pas le réchauffement climatique qui nous menace le plus à court terme mais notre enfoncement toujours plus loin dans l'ère glaciaire des rapports humains.

Le retour du religieux

Le « retour du religieux » ? N'en cherchez pas plus loin la cause. Le froid polaire de nos sociétés est sa raison majeure – pour laquelle tant de gens aujourd'hui n'abandonnent pas leur religion, ou bien y reviennent. Même si à leurs propres yeux parfois, elle n'est plus réellement adaptée au temps présent.

Trop de certitudes et de promesses se sont évaporées avec la fin des idéologies modernes pour que la foi religieuse ne redevienne pas une option de premier ordre. Nous sommes tous tellement déstabilisés par cette civilisation humaine qui ne propose plus aucune direction, aucune échelle de valeurs, aucune hiérarchie des priorités, aucune autorité suffisante au sujet de ce qui est acceptable ou pas. L'*effet de contraste* devient ainsi terrible au bénéfice de chaque religion qui se contente de continuer vaille que vaille à prétendre qu'elle détient une vérité absolue. Et qui, bien charitable, se propose même de vous l'offrir clé en mains en remplissant juste comme condition – parce qu'elle a compris que l'homme contemporain n'en fait qu'à sa tête – de respecter quelques préceptes de base et de prier par-ci par-là.

Je suis croyant. Mais je ne crois pas plus ni moins en un Dieu qui serait celui des musulmans que celui des juifs, des chrétiens ou des hindous. Je crois que *tous les chemins mènent à l'homme* – c'est-à-dire au divin en l'homme, en tout être humain, et là on n'est pas très loin de la fraternité. Je crois en philosophe et en mystique, c'est-à-dire en étant critique à l'égard de la religion au nom d'une expérience intérieure. Une expérience spirituelle à la profondeur de laquelle la religion conduit rarement, et dont trop souvent elle prétend pourtant détenir le monopole d'accès. Je n'ai rien contre l'athéisme parce que j'ai rencontré souvent des athées plus mystiques que bien des croyants. Mes amis sont des croyants et des incroyants qui croient tous en la fraternité, et qui sont très pratiquants : même si, comme à moi, il leur arrive d'en manquer, ils mettent le plus possible en œuvre leur fraternité dans leur vie, leurs façons de se comporter avec autrui, leurs engagements. La vie spirituelle n'est pas toujours – pas souvent – là où l'on croit.

Mais j'observe que l'athéisme est devenu un luxe que peu de natures d'élite peuvent se permettre. Trop d'incertitudes ici-bas désormais pour se permettre de perdre le ciel en plus. Le retour du religieux se contente d'assouvir quelque chose que nos sociétés n'offrent plus assez : le besoin de sécurité mais aussi de sens, de partage et d'espérance. Aussi longtemps que nous n'aurons pas bâti une civilisation qui *fait le poids* en comparaison de tout ce que les religions garantissent en la matière ici-bas, et promettent dans l'au-delà, elles reviendront et reviendront sans cesse comme si *elles seules*, comme si *à elles seules*, elles pouvaient suffire à remplir un cœur d'homme.

Ma conviction très forte – que j'ai voulu partager avec vous – est que seule la fraternité, cultivée par les religions mais pas seulement, peut nous rassembler maintenant tous ensemble dans la chaleur humaine d'une société sans barrières. Cette fraternité universelle est commandée par les religions mais il y a en elle quelque chose qui les dépasse : tandis qu'avec les religions l'être humain continue d'être toujours exposé au risque de l'intolérance ou de la violence – chez ceux qui ne manqueront jamais de croire que la leur est supérieure à celle du voisin ou à l'athéisme –, la fraternité cultive en nous-mêmes un anticorps contre ces deux maux. Rien n'est jamais garanti, mais je ferai toujours plus confiance à un fraternel, croyant ou pas, qu'à un homme qui se croirait autosuffisant, croyant ou pas.

Épilogue

J'ai parlé un peu plus haut de *révolution spirituelle*, parce qu'il me semble que nous en sommes au temps de la reconnexion entre vie spirituelle et vie sociale. Le problème est que ce spirituel a été porté pendant longtemps par des religions concurrentes et souvent violentes. On l'a donc laissé de côté, en Occident, pour en finir avec les guerres de religion et les hégémonies cléricales. Mais ce faisant, on n'a plus mis au centre de la Cité humaine, entre nous, ce qui nous tient le plus à cœur : on a évacué la dimension du sacré. Du coup, on n'a plus rien trouvé qui nous solidarise suffisamment fort les uns aux autres et on a essayé de faire sans, pendant deux siècles, avec des sacrés de substitution : la Nation, le Progrès, la Liberté, l'Égalité…

La fraternité n'a pas encore été essayée. Chiche ? Elle est sacrée pourtant, autant dans les morales religieuses que profanes. Elle est une *arche d'alliance*, un pont entre tous les gouffres qui divisent les croyants entre eux, et contre les non-croyants. Elle réconcilie. Elle est universelle, un universel concret, pratique, dont la réalité dans une âme dépend de son éducation. « Je suis humain et rien de ce qui est humain ne m'est étranger », écrivait déjà le poète Térence deux siècles avant le début de l'ère chrétienne. Mais ce sens de la fraternité universelle est le plus difficile dans une éducation humaine. Comment éveille-t-on dans un cœur, dans une âme, la soif d'aimer le plus lointain comme son prochain ? Comment s'y prend-on ? Comment éveiller à l'amour désintéressé de tout autre être humain, simplement parce qu'il est humain ? Je crois que c'est l'art suprême que ne maîtrise pas notre civilisation humaine, pourtant si évoluée par ailleurs. Nous avons peut-être trop fait de l'amour « un enfant de bohème », laissé au hasard du coup de foudre, à la rareté de l'amitié, au cercle restreint de la famille…

Henri Bergson écrivait en 1932 que nous aimons – assez – facilement nos proches et notre pays, mais qu'entre l'amour de ceux-là et celui de l'humanité « il y a toute la distance du fini à l'indéfini, du clos à l'ouvert ». Il ajoutait que le progrès d'humanité qui nous sollicite maintenant serait que « notre sympathie » s'élargisse « par un progrès continu », de telle sorte qu'elle « grandirait en restant la même, et finirait par embrasser l'humanité entière ». Étonnant qu'il emploie ici l'expression « du clos à l'ouvert »... Nous sommes sur tous les plans de notre vie maintenant au temps de ce saut dans l'ouvert, *au temps du passage à la limite.* Ce n'est pas seulement l'Univers qui est devenu infini sous le regard de nos astrophysiciens, ce n'est pas seulement notre capacité de produire de la richesse qui devient infinie grâce à nos machines, ce n'est pas seulement la vie humaine qui deviendra peut-être elle-même infinie grâce au progrès médical et technologique, c'est aussi notre capacité d'aimer qui est appelée aujourd'hui à l'infini. L'Occidental Bergson l'a dit et le musulman Ibn Arabi l'avait dit lui aussi au

XIIIe siècle de l'ère chrétienne (VIIIe siècle de l'ère musulmane) dans un poème :

Mon cœur est devenu capable
D'accueillir toute forme.
Il est pâturage pour gazelles
Et abbaye pour moines !
Il est un temple pour idoles
et la Kaaba pour qui en fait le tour,
Il est les Tables de la Thora
Et aussi les feuillets du Coran !
Je crois en la religion de l'amour
Où que se dirigent ses caravanes
Car l'amour est ma religion et ma foi.

Le sacré de la fraternité n'impose rien. Il laisse être. Il laisse chacun libre et en même temps, il prend soin de l'autre. C'est pourquoi je vous l'ai proposé ici comme point de convergence et d'horizon de toutes nos espérances, de toutes les luttes que nous avons maintenant à entreprendre – tous ensemble. J'ai confiance en nous.

Salâm, que la paix soit sur nous tous.

Dix propositions pour une France fraternelle

1. Créer un ministère de la fraternite

Certains n'ont pas eu honte de créer en 2007 l'infamant ministère de l'immigration et de l'identité nationale. Après nous être rendus *coupables du pire*, ne pourrions-nous pas cette fois être *capables du meilleur* ? Même si nous ne sommes plus au temps où tout venait de l'État « instituteur » de la société, c'est aussi au plus haut sommet de nos institutions que l'ère de la fraternité doit être ouverte. Il est l'heure que vienne enfin sa consécration institutionnelle. Elle a trop longtemps « fait tapisserie », comme le disait Régis Debray. Ce ministère de la fraternité serait constitué symboliquement par un collège de représentants de chacune des grandes cultures et familles intellectuelles, morales et spirituelles, qui constituent aujourd'hui notre société. Il serait chargé de lancer et de coordonner les différentes politiques publiques, et de formuler toutes sortes de propositions concrètes, pour redonner à notre vie sociale un visage plus fraternel.

2. Se mobiliser pour casser enfin la logique des ghettos

Le risque de sécession sociale et culturelle est devenu trop dangereux. Nous ne pouvons plus nous permettre de laisser à leur déshérence, à leur désespérance, toutes ces zones rurales et péri-urbaines de relégation, qui sont des lieux où s'est installé un terrible *sentiment* d'abandon, et souvent un terrible *état objectif* d'abandon, une absence parfois totale de mixité sociale, un regroupement exclusif de populations pauvres, d'origine immigrée mais pas seulement, pour lesquelles le bénéfice de nos richesses, de nos valeurs, de notre culture, est de l'ordre de l'inaccessible. Ces zones sont aussi, on le sait, les terreaux de la radicalisation religieuse – depuis le néo-traditionalisme le plus innocent et obtus jusqu'au fondamentalisme le plus agressif. Il ne s'agit pas de « mettre les villes à la campagne parce que l'air y est plus pur », selon le bon mot d'Alphonse Allais, mais de faire en sorte que toutes les zones actuellement classées sensibles fassent l'objet d'une politique volontariste de désenclavement, vers plus d'emplois, de mobilité sociale, de mixité sociale, ethnique, culturelle. Il est temps, là comme ailleurs, de relancer ce qu'on appelait naguère une politique de grands travaux !

3. Organiser des États généraux de la pensée de l'Islam

Il faut aider les musulmans de France à trouver définitivement leur place dans la République. Or ce qu'on entend habituellement n'y suffira pas et n'est pas adapté. Quand on parle en effet de la (nécessaire) formation des imams, ou de la réforme du Conseil français du culte musulman, on continue de faire l'erreur de croire que tous les musulmans sont religieux, alors que la diversité de leur rapport à l'islam est très importante. Il faut donc créer les lieux d'une pensée libre – laïque – de l'islam, qui nourrisse intellectuellement tout le monde. Pour cela, je propose de commencer par ouvrir au Collège de France une chaire annuelle consacrée à des États généraux de la pensée de l'Islam (I majuscule, pour l'Islam comme civilisation) : une année entière de débats réunissant les meilleurs spécialistes de chaque champ scientifique et universitaire sur le sujet, historiens, anthropologues, ethnologues, sociologues, psychologues, psychanalystes, mais aussi intellectuels engagés reconnus de par le monde et, bien sûr, philosophes. À partir de ce moment inaugural, seraient créés par la suite dans plusieurs universités majeures des départements d'études laïques… des religions et pas seulement de l'islam ! Si en effet nous voulons développer dans toutes les écoles, collèges et lycées un enseignement laïc des faits religieux digne de ce nom, comme le préconise le ministère de l'éducation nationale, il faut faire bénéficier les professeurs d'une telle formation dans les universités disposant d'une ESPE (École supérieure du professorat et de l'éducation)

4. Centrer la morale à l'École sur la culture de la fraternité

L'enseignement public et l'enseignement privé sous contrat doivent installer l'éducation à la fraternité au cœur de leur nouvel enseignement moral et civique (EMC) prévu par le ministère de l'éducation nationale. Quant à l'enseignement à domicile et aux institutions sous contrat, ils devront être contrôlés plus sérieusement, notamment sur ce point précis. C'est déjà ce qui a été initié avec la Charte de la laïcité à l'École, dont j'ai été l'un des heureux rédacteurs et qui dit notamment dans son article 4 que « la laïcité permet l'exercice de la citoyenneté, en conciliant la liberté de chacun avec l'égalité *et la fraternité de tous*, dans le souci de l'intérêt général ». La fraternité est présente dans ce texte mais notre École parle surtout des valeurs civiques – civilité, citoyenneté, respect. Elle doit faire beaucoup plus pour faire étudier et *pratiquer* des vertus morales chaleureuses : fraternité, générosité, altruisme, sens de l'autre et goût des autres, sens du don et du pardon, expression de la gratitude et de la reconnaissance, compassion, amour comme *philia* (amitié), amour comme *agapè* (charité, miséricorde), empathie, capacité à souffrir de ce dont l'autre souffre et à se réjouir de ce qui le réjouit.

5. *Apprendre aux élèves à débattre sur les valeurs*

On ne peut plus laisser en dehors de l'École ce type de discussions sur la différence des convictions, et également sur la nécessité d'avoir des convictions *partagées* et des valeurs *communes.* Il faut que le sujet de ce qui nous distingue et de ce qui nous réunit soit enfin mis sur la table de la classe… au lieu de glisser sous le tapis comme tout ce qui nous embarrasse ! Laisser la différence s'exprimer mais chercher aussi ce qui peut nous rassembler. Sinon le silence donnera lieu à la violence. Mais, alors même que beaucoup de professeurs voudraient s'engager ainsi, ouvrir ce type de dialogue, souvent ils ne le font pas parce qu'ils se sentent trop démunis – notamment sur les questions touchant aux convictions religieuses des élèves, ou sur la maîtrise du débat en classe. Il faut par conséquent les *former* à apprendre aux élèves une éthique de la discussion. Il faut que l'École apprenne l'art difficile de libérer la parole sans déclencher l'hostilité. Il faut un corps professoral capable d'aider les élèves à se rapprocher par-delà leurs différences, à discuter de façon argumentée et respectueuse, à cultiver leur esprit critique – dans ces débats mais aussi face à internet qui les expose si souvent à la publicité de n'importe quelle idéologie.

6. Instituer un service civique obligatoire

L'objet de ce *service citoyen non militaire* serait de continuer à cultiver le sens de la fraternité dans le prolongement de l'École. Ce service civique ou citoyen offrirait à chaque jeune fille et jeune homme l'opportunité d'un engagement – d'une durée et selon des modalités à déterminer – au bénéfice du bien commun, de la découverte d'autres milieux sociaux et culturels que le sien. Ce service réinventé – non plus face au péril de la guerre mais au bénéfice de la concorde civile – devra couronner une éducation scolaire dans laquelle aura *déjà* été confiée à chaque enfant, à l'école primaire, au collège, au lycée, la responsabilité de s'engager chaque année au service de tous, et de goûter ainsi une fraternité hors les murs de sa « communauté » d'origine. Pourquoi ne pas concevoir en ce sens la signature par l'élève d'un contrat d'engagement par lequel il devrait chaque année participer à telle ou tâche dans l'École, laquelle serait récompensée à la fin, lors d'une cérémonie solennelle, par un prix de l'engagement et de la fraternité ? Quant à l'accomplissement du service civique, il serait lui aussi récompensé à chaque promotion lors de cérémonies consacrant une culture commune de la fraternité.

7. Changer la culture du monde du travail (service public et secteur privé)

Que de souffrance au travail, que de vies gâchées à cause de mauvaises relations professionnelles ! Il est temps que nous passions des rapports de force et de l'individualisme qui prévalent trop souvent à une culture professionnelle commune fondée sur les axes suivants : la formation de tous – dirigeants et salariés – à l'intelligence relationnelle, à la culture du respect, à la déontologie de chaque métier ; les pratiques de convivialité, d'intelligence collaborative, de concertation dans la prise de décision ; le développement du sens collectif et du travail en équipe ; la valorisation des rapports *win-win* et le remplacement, autant que faire se peut, des pyramides hiérarchiques par des liens plus horizontaux ; les débats sur les valeurs communes (solidarité, tolérance, laïcité, parité, mixité, etc.), y compris dans les entreprises privées ; la rédaction en commun par les dirigeants et les employés de chartes de valeurs partagées exprimant la culture éthique et sociale de l'entreprise ; l'association au contrat de travail de la signature d'un contrat social portant sur l'adhésion à ces valeurs. Et puis – parce que ce sera décisif –, il nous faut encore plus d'incitations politiques à embaucher les jeunes issus de la diversité, ainsi que l'établissement et la publication annuelle d'un classement des entreprises selon leur respect de cette obligation.

8. Retrouver l'esprit des mouvements d'éducation populaire

Ces mouvements reposent sur l'idée fondamentale que l'individu doit pouvoir accéder toute sa vie durant – et pas seulement à l'École quand il est enfant – à des outils intellectuels et culturels, ainsi qu'à des espaces sociaux, qui vont lui permettre de continuer à se construire, à évoluer, à cultiver des convictions politiques, à dialoguer librement et à se solidariser avec d'autres à la poursuite d'idéaux partagés, à s'engager au service des causes les plus conformes à ses compétences et à ses aspirations. Notre société a trop perdu cette source d'inspiration. Cette ambition légitime et nécessaire d'une vie sociale qui ne se limite pas à gagner son pain à la sueur de son front, et à des loisirs dans lesquels on ne peut que songer à récupérer sa force de travail. Il est grand temps de faire repartir l'élan de cette éducation tout au long de la vie. Par exemple, à travers la multiplication des forums citoyens, des universités populaires ou universités de tous les savoirs, comme celle créée par Michel Onfray à Caen. Notre vie sociale ne peut plus, comme le disait Hannah Arendt, être limitée au temps de travail : l'être humain n'est pas seulement un *animal laborans*, un animal travailleur, il a aussi des besoins psychologiques supérieurs : artistiques, intellectuels, spirituels… À la « vie laborieuse » doit s'ajouter comme un droit inaliénable le temps de la vie culturelle et de la vie politique.

9. Relancer le débat sur l'idée d'un « revenu citoyen » minimal

Des économistes et des intellectuels de renom (André Gorz, Jean-Marc Ferry, Philippe Van Parijs, etc.) ont fait cette hypothèse d'un « revenu de citoyenneté » ou d'une « allocation universelle ». Certains États ont même tenté son expérimentation. Le reproche d'idéalisme ne tient plus vraiment, on peut lui répondre par deux types d'arguments. D'abord l'argument d'origine marxiste selon lequel la richesse produite dans nos sociétés est à présent suffisante pour commencer à délier l'homme de la contrainte du travail. Ensuite l'argument libéral selon lequel tout individu bénéficierait ainsi d'un revenu suffisant pour contribuer par sa consommation à dynamiser la production. Il faut que chaque individu puisse se permettre de ne pas passer son temps à gagner sa vie. Sinon l'accès à la vie culturelle et à la vie politique continuera d'être le privilège d'une classe aisée. Il faut donc qu'un revenu citoyen – dont le montant est à discuter – donne à tout individu une liberté réelle d'organiser sa vie comme il l'entend. Ce n'est pas une invitation à la paresse, mais le pari raisonnable que des individus plus cultivés, plus créatifs, plus investis dans la vie sociale à partir de leurs propres aspirations formeront ensemble une société bien plus dynamique et… enthousiaste.

10. Créer des espaces de fraternité dans les quartiers et communes

Nous avons besoin d'une *fête de la fraternité* comme nous avons une fête de la musique ! Et sur la durée, nous avons besoin de nouvelles maisons de la culture, des maisons de l'interculturalité auxquelles chaque commune d'une certaine taille serait tenue par la loi d'ouvrir une salle, un local, en recevant de l'État ou des régions les financements adéquats. Il est capital en effet que l'on ne considère pas la mise en œuvre de la fraternité comme la seule responsabilité de l'État, des politiques, de l'École ou des entreprises – de toutes les institutions vis-à-vis desquelles l'individu risquerait de se déresponsabiliser. Nous devons entrer aussi beaucoup plus résolument dans l'ère de l'*empowerment*, c'est-à-dire de la responsabilisation de chacun : « Et moi, que puis-je faire pour la fraternité ? » Il faut que sur l'enjeu de la fraternité se constitue une démocratie participative, coopérative, dans laquelle l'État vient au soutien – législatif ou financier – d'initiatives et d'entreprises qui sont au pouvoir des citoyens. C'est aussi à chacun d'entre nous, très au-delà des dix propositions que je fais ici, de faire fonctionner sa propre créativité.

Table

Frères et sœurs humains... 11

Que nous est-il arrivé ? 15

Nous avons tous besoin d'intégration ! 27

La France et l'islam sont une chance l'un pour l'autre 43

La fraternité comme sacré 67

Épilogue 91

Dix propositions pour une France fraternelle 95

DU MÊME AUTEUR

Histoire de l'humanisme en Occident, Éditions Armand Colin, collection « Le temps des idées », 2014.

Comment sortir de la religion ?, Éditions de La Découverte, collection « Les empêcheurs de penser en rond », 2012.

L'islam face à la mort de Dieu : Actualité de Mohammed Iqbal, Éditions François Bourin, collection « L'actualité de », 2010.

L'islam sans soumission : pour un existentialisme musulman, Éditions Albin Michel, collection « L'islam des Lumières », 2008 ; réédition en livre de poche, Albin Michel, collection « Espaces libres », 2012.

Self islam : Histoire d'un islam personnel, Paris, Éditions du Seuil, collection « Non conforme », 2006.

Un islam pour notre temps, Paris, Éditions du Seuil, collection « La couleur des idées », 2004.

Pour une pédagogie de la laïcité à l'école, Éditions La Documentation française, Paris, 2012, préface de Vincent Peillon, ministre de l'éducation nationale.

Composition Nord Compo
Impression CPI Bussière en février 2015
Éditions Albin Michel
22, rue Huyghens, 75014 Paris
www.albin-michel.fr
ISBN : 978-2-226-31621-9
N° d'édition : 21738/01 – N° d'impression : 2013761
Dépôt légal : février 2015
Imprimé en France